IMANES

SECRETOS DE LA CIENCIA

Jason Cooper
Versión en español de Aída E. Marcuse

The Rourke Corporation, Inc.
Vero Beach, Florida 32964

FOTOGRAFÍAS :
© Lynn M. Stone: Tapa, página titular, páginas 4, 7, 8, 10, 12, 13,
15, 18; cortesía del Fermilab Visual Media Services, página 17;
cortesía de la NASA, página 21.

Library of Congress Cataloging in Publication Data
[Imanes. Español.]
Cooper, Jason, 1942-
    Imanes / de Jason Cooper. Versión en español de Aída E.
Marcuse.
        p.   cm. — (Secretos de la ciencia)
    Incluye índices.
    Resumen: Provee una sencilla información sobre la fuerza
magnética natural, los electroimanes y los campos magnéticos.
    ISBN 0-86593-325-1
1. Magnetismo-Literatura juvenil. 2. Magnetismo—Literatura juvenil.
[1.Magnetismo. 2. Materiales en idioma español.] I. Título.
II. Series: Cooper, Jason, 1942-   Secretos de la ciencia.
QC757.5.C6618 1993
538—dc20   93-8393
                                                         CIP
                                                          AC

ÍNDICE

MAGNETISMO

Para pegar unos objetos a otros, solemos usar clavos, tornillos y cola de pegar. El **magnetismo,** en cambio, hace que algunos objetos se peguen unos a otros completamente por sí mismos.

El magnetismo es una fuerza natural que atrae y repele. Funciona entre objetos llamados imanes, que se atraen unos a otros y también a ciertos objetos metálicos.

El imán del abrelatas eléctrico levanta la tapa de una lata

LA FUERZA MAGNÉTICA

El magnetismo es una fuerza **invisible** — es decir, no puedes verla. Esta fuerza hace que algunos objetos metálicos, como los de hierro, se peguen al imán.

Los imanes comunes, por ejemplo, se pegarán a las puertas del refrigerador o el automóvil y también a alfileres, clavos, clipes de papel y otros muchos objetos. Pero la fuerza del imán no atrae papel, madera ni plásticos.

Clipes para papel pegados
a un imán en herradura

LOS POLOS MAGNÉTICOS

La barra magnética es un tipo muy común de imán (tiene forma de barrita de caramelo). Su fuerza es más poderosa en los extremos, o **polos,** que en el medio.

Uno de los polos es llamado polo norte, y el otro, polo sur. El polo norte de un imán atrae al polo sur de otro imán. Si se enfrentan los mismos polos de imanes distintos, se rechazarán uno al otro.

El polo magnético atrae
las escorias de hierro

ROCAS MAGNÉTICAS

Hace cientos de años, los únicos imanes que existían eran los que se encontraban en la tierra. La gente se maravillaba con el poder que les permitía a ciertas piedras pegarse a os metales, y por eso las llamaron "piedras mágicas" o piedra imán.

Hoy llamamos magnetita a la piedra imán, un tipo de hierro que es naturalmente **magnético,** o sea, que la magnetita posee en sí la capacidad de atraer como un imán.

Magnetita

Un electroimán de 2.000 libras (900 kilogramos)

Letras magnetizadas

FORMAS DE LOS IMANES

Tal cual se encuentra en la naturaleza, la magnetita es áspera y como dentada. Pero hoy en día construimos imanes de muchas formas y tamaños. ¡Algunos son tan diminutos como el polvo! Pero otros pesan miles de kilogramos.

Los imanes pueden ser redondos, en forma de barra, o parecidos a gruesas salseras. A algunas barras magnéticas se les da forma de herraduras. Pero cada tipo tiene un uso distinto.

Un imán en herradura con escorias de hierro pegadas

USOS DE LOS IMANES

Los imanes se usan de varias maneras y para importantes tareas: permiten el trabajo de las computadoras, los teléfonos, motores eléctricos y otros muchos inventos. Se utilizan en las casas, fábricas, hospitales, laboratorios y otros lugares.

El **compás** magnético utiliza un imán para determinar en qué dirección se está yendo — hacia el sur, el norte, el este o el oeste.

Imanes en uso en el Laboratorio del Acelerador Nacional de Partículas Fermi

IMANES ELECTRIFICADOS

Los imanes electrificados se llaman **electroimanes** y pueden ser encendidos y apagados, exactamente como una bombilla eléctrica.

Algunos electroimanes fueron fabricados para levantar pesados objetos metálicos, como la chatarra. Cuando la corriente eléctrica es suprimida, el imán pierde su capacidad de halar, o magnetismo, y el objeto que llevaba pegado es descargado.

Un electroimán descargando chatarras

EL IMÁN TERRESTRE

La Tierra también tiene polos magnéticos. Los científicos creen que la mayor parte del **núcleo** terrestre, o centro, está compuesto de materiales magnéticos.

El polo norte magnético está "arriba" del mundo, al norte del Canadá. El polo sur magnético está "abajo", en la Antártida.

La atracción magnética de la Tierra es lo que hace que la aguja de un compás esté alineada de norte a sur.

EL CAMPO MAGNÉTICO

No necesitas poner tu nariz en un botón de rosa para sentir su perfume, porque éste se esparce por el aire alrededor de ella.

Imagínate que un imán es una rosa y que su **campo magnético** es el perfume. Un campo magnético rodea cada imán como el perfume a una flor. El campo magnético es el área alrededor del imán donde actúa su fuerza.

Glossario

campo magnético (cam-po mag-né-ti-co) — área alrededor de un imán donde actúa su fuerza

compás (com-pás) — instrumento que utiliza una aguja magnética para indicar la dirección

electroimán (e-lec-troi-mán) — imán que opera mediante una corriente eléctrica y puede ser encendido y apagado

invisible (in-vi-si-ble) — algo que el ojo desnudo no puede ver

magnético (mag-né-ti-co) — que posee la fuerza de atraer o rechazar, como un imán

magnetismo (mag-ne-tis-mo) — fuerza invisible que permite a los imanes atraer o rechazar algo

núcleo (nú-cleo) — centro o parte interna de algo

polo (po-lo) — punto de máxima atracción, como los extremos opuestos de la tierra o de algunos tipos de imanes

ÍNDICE ALFABÉTICO